Karine Descamps

Craquez pour la noix de coco !

Lait, crème et coco râpée en 30 recettes sucrées et salées

Photos : Fabrice Veigas
Réalisation et stylisme : Sandra Mahut

MANGO

Embarquement immédiat pour de nouvelles saveurs !

J'ai eu la chance de beaucoup voyager et de vivre quelque temps à la Réunion. J'y suis devenue une inconditionnelle de la noix de coco sous toutes ses formes !
Avec l'aide de mes amis du bout du monde - Thaïlande, Brésil, Guadeloupe, Nouvelle-Calédonie... - j'ai eu envie de vous faire partager des recettes authentiques, sucrées ou salées. Des recettes simplissimes, délicieuses, avec toujours cette petite touche d'exotisme et d'ailleurs. C'est sûr, vous allez craquer !

Voici quelques conseils et équivalences qui vous serviront tout au long du livre :

/ Lait, crème, râpée, en copeaux ou fraîche, la noix de coco est disponible partout sous toutes ses formes !

/ Le lait et la crème de coco que l'on trouve en magasin ne sont pas sucrés (excepté la crème de marque Lopez®) et conviennent parfaitement pour toutes les recettes, salées et sucrées.

/ Le lait de coco ne doit pas bouillir, ni cuire trop longtemps, au risque de se désunir. Maintenez de préférence une cuisson à feu doux pour préserver l'onctuosité du lait.

/ Si vous souhaitez préparer vous-même le lait de coco à partir de noix de coco déshydratée, il suffit de la recouvrir d'eau très chaude, de laisser infuser 10 à 15 minutes, puis de presser dans un torchon propre pour recueillir le lait. Si vous voulez extraire du lait de coco à partir de noix de coco fraîche, passez-la au mixeur ou à la centrifugeuse avec 50 cl d'eau tiède. Pressez-la dans un torchon et laissez reposer 20 minutes. La crème remontera à la surface pendant que le lait reposera.

/ 1 petit piment doux = 1 cuillerée à café rase de piment en poudre = 1 pointe de couteau de pâte de piment.

/ 1 morceau de gingembre de 1 cm haché = 1 cuillerée à café de gingembre en poudre.

/ Les graines de 1 gousse de vanille = ½ cuillerée à café de vanille en poudre.

/ Pour terminer, vous pouvez remplacer la pâte de curry par la même quantité de curry en poudre. Méfiez-vous de la pâte de curry, elle est très forte, surtout la verte !

Alors, bon voyage !

Karine Descamps

Sommaire

Viandes/Poissons/Légumes et riz/Desserts

6

Curry vert de poulet au lait de coco

Thaïlande

Préparation
15 minutes

Cuisson
15 minutes

Ingrédients pour 4 personnes
300 ml de lait de coco
800 g de blancs de poulet en lamelles
200 g d'aubergines thaïes (ou 200 g de haricots verts frais cuits)
4 à 5 feuilles de combava (facultatif)
1 cuillerée à café de pâte de curry vert ou rouge
Quelques brins de coriandre
1 cuillerée à café de sauce nuoc-mam
2 cuillerées à soupe d'huile végétale
1 cuillerée à café de sucre semoule

/ Dans un wok ou une sauteuse, faites chauffer l'huile. Ajoutez la pâte de curry et mélangez pendant 2 minutes à feu moyen.
/ Versez progressivement le lait de coco et laissez épaissir la sauce 3 à 4 minutes à feu doux en mélangeant bien. Pour une sauce moins épaisse, ajoutez un peu d'eau.
/ Ajoutez les lamelles de poulet, le sucre et la sauce nuoc-mam. Mélangez bien et laissez mijoter 5 minutes à feu moyen.
/ Incorporez enfin les aubergines coupées en quatre (ou les haricots coupés en deux) et les feuilles de combava. Prolongez la cuisson 2 à 3 minutes.
/ Parsemez le plat de coriandre et servez aussitôt.

Bon à savoir !
Servez avec un riz thaï.

Rendang (bœuf mijoté au lait de coco)

Thaïlande

Préparation
30 minutes

Cuisson
1 h 30

Ingrédients pour 4 personnes
600 ml de lait de coco
150 g de noix de coco râpée
800 g de filet (ou paleron) de bœuf coupé en lamelles
1 cuillerée à soupe de jus de tamarin (facultatif)
2 cuillerées à soupe d'huile végétale
2 cuillerées à café de sucre roux

Pour la pâte d'épices :
5 gousses d'ail pressées
3 belles échalotes
1 morceau de gingembre de 3 cm
1 morceau de galanga de 1 cm (facultatif)
1 cuillerée à café de curcuma moulu
1 petit piment doux
1 tige de citronnelle
1 cuillerée à soupe d'huile végétale
1 cuillerée à café de gros sel

/ Mixez les ingrédients de la pâte d'épices ou écrasez-les dans un mortier à l'aide d'un pilon.

/ Dans une poêle, faites dorer la noix de coco râpée à feu doux. Écrasez-la ensuite dans un mortier ou mixez-la.

/ Dans un wok ou une sauteuse, faites chauffer l'huile. Ajoutez la pâte d'épices et laissez-la revenir 2 à 3 minutes à feu moyen.

/ Incorporez la viande, le lait de coco, le jus de tamarin, le sucre et la noix de coco râpée. Laissez mijoter 1 heure 30 environ à feu doux en remuant de temps en temps : la sauce doit avoir bien réduit et épaissi. Rectifiez l'assaisonnement et servez.

Bon à savoir !
Accompagnez ce plat d'un riz que vous aurez préalablement rincé plusieurs fois dans un saladier d'eau froide, jusqu'à ce que celle-ci devienne claire.

Brochettes de poulet satay

Indonésie, Malaisie

Préparation
20 minutes + 2 à 4 heures pour
la marinade

Cuisson
5 minutes

Ingrédients pour 4 personnes
600 g de blancs de poulet en cubes

Pour la marinade :
4 cuillerées à soupe de lait de coco
1 morceau de gingembre de 1 cm haché
2 cuillerées à soupe de sauce soja
1 cuillerée à café de miel
1 cuillerée à café de curcuma en poudre
1 cuillerée à café de curry en poudre
1 pincée de sel
½ cuillerée à café de poivre moulu

Pour la sauce satay :
150 ml de lait de coco
50 g de cacahuètes non salées
½ cuillerée à café de piment en poudre
1 gousse d'ail écrasée
2 cuillerées à soupe de feuilles
de coriandre ciselées
2 cuillerées à café de sauce soja
Le jus de ½ citron vert
2 cuillerées à café rases de sucre semoule

/ Dans un saladier, mélangez tous les ingrédients de la marinade.
/ Ajoutez les cubes de poulet, mélangez bien et laissez mariner 2 à 4 heures.
/ Enfilez les morceaux de poulet sur des piques en bois (ou en métal).
/ Préparez la sauce satay : faites griller les cacahuètes à sec dans une petite poêle. Mixez ou écrasez dans un mortier tous les ingrédients de la sauce et répartissez la préparation dans des ramequins.
/ Faites griller les brochettes au barbecue (ou au four) et servez-les accompagnées de sauce satay.

Bon à savoir !
Vous pouvez remplacer le poulet par du bœuf, du porc ou encore des crevettes. Au moment de servir, parsemez le plat de sésame grillé.

Tom Ka Kai

Thaïlande

(soupe de poulet au lait de coco)

Préparation
10 minutes

Cuisson
15 minutes

Ingrédients pour 4 personnes
1 boîte de lait de coco de 400 ml
400 g de blancs de poulet en lamelles
1 morceau de galanga (ou de gingembre) de 1 cm haché
1 petit piment doux finement haché
4 feuilles de combava (facultatif)
1 tige de citronnelle
Quelques brins de coriandre
25 cl de bouillon de poulet
3 cuillerées à soupe de nuoc-mam
Le jus de 1 citron vert
1 cuillerée à café de sucre semoule
1 cuillerée à café de sel

/ Dans une cocotte, portez à ébullition le lait de coco et le bouillon de poulet à feu moyen.

/ Coupez la citronnelle et les feuilles de combava en petits morceaux. Incorporez-les au lait de coco et au bouillon.

/ Ajoutez le poulet, le galanga, le sel, le jus de citron, le nuoc-mam, le piment et le sucre. Réduisez le feu et laissez cuire à découvert 10 à 15 minutes à feu très doux, en remuant régulièrement.

/ Parsemez la soupe de feuilles de coriandre et servez bien chaud.

Bon à savoir !
Le galanga est un rhizome apparenté au gingembre, avec un goût plus nuancé ; vous pouvez le remplacer par du gingembre.

Poulet coco

Réunion

Préparation
15 minutes

Cuisson
40 minutes

Ingrédients pour 4 personnes
1 boîte de lait de coco de 400 ml
2 cuillerées à soupe de noix de coco râpée
4 cuisses de poulet (sans peau)
1 petite boîte de tomates pelées (240 g) ou 3 grosses tomates fraîches pelées
2 oignons hachés
1 cuillerée à soupe de curcuma moulu
1 morceau de gingembre de 1 cm haché
Quelques brins de coriandre
2 cuillerées à soupe d'huile végétale
Sel et poivre du moulin

/ Dans un faitout ou une sauteuse, faites chauffer l'huile et faites dorer les cuisses de poulet 2 à 3 minutes de chaque côté à feu vif.

/ Ajoutez les oignons et le gingembre, puis faites revenir le tout sans cesser de remuer 3 minutes, toujours à feu vif.

/ Baissez le feu, versez la moitié du lait de coco et mélangez. Ajoutez les tomates pelées coupées en quartiers et le curcuma. Salez, poivrez, couvrez, puis laissez mijoter 35 minutes à feu doux. Parsemez de noix de coco râpée et laissez cuire encore 5 minutes.

/ Incorporez le reste du lait de coco et continuez la cuisson quelques minutes à feu doux. Décorez de coriandre et servez aussitôt.

Bon à savoir !
Le poulet peut être remplacé par du poisson ou du porc (comptez 150 g par personne).

Sauté de porc au lait de coco

Tahiti

Préparation
10 minutes

Cuisson
10 minutes

Ingrédients pour 4 personnes
300 ml de lait de coco
600 g de porc coupé en lamelles
1 oignon émincé
2 gousses d'ail hachées
1 morceau de gingembre de 1 cm haché
1 cuillerée à café de pâte de curry (facultatif)
1 pointe de couteau de pâte de piment
Quelques brins de coriandre
Le jus de ½ citron vert
2 cuillerées à soupe de sauce soja
2 cuillerées à soupe d'huile végétale
Sel et poivre du moulin

/ Dans un wok ou une sauteuse, faites chauffer l'huile. Ajoutez les lamelles de porc et laissez-les dorer 2 à 3 minutes à feu vif. Réservez.

/ Dans le wok, saisissez l'ail, l'oignon, le gingembre et éventuellement la pâte de curry 2 à 3 minutes à feu vif.

/ Versez le jus de citron et le lait de coco, puis portez à ébullition.

/ Incorporez le porc, la sauce soja et le piment. Salez, poivrez, réduisez le feu et laissez cuire 10 minutes à feu moyen en remuant.

/ Parsemez de coriandre et servez.

Bon à savoir !
Servez le plat avec un riz nature ou un riz coco (voir recette p. 44).

Panang Nua (bœuf au lait de coco)

Thaïlande

Préparation
15 minutes

Cuisson
10 minutes

Ingrédients pour 4 personnes
1 boîte de lait de coco de 400 ml
600 g de bœuf en lamelles
4 ou 5 feuilles de combava (facultatif)
1 cuillerée à café de pâte de curry rouge
2 cuillerées à soupe de nuoc-mam
2 cuillerées à soupe d'huile végétale
2 cuillerées à café de sucre semoule
Sel et poivre du moulin

/ Dans un wok ou une sauteuse, faites chauffer l'huile à feu moyen. Ajoutez la moitié du lait de coco et la pâte de curry. Mélangez bien, salez, poivrez et laissez mijoter 2 à 3 minutes à feu moyen en remuant souvent.

/ Incorporez les morceaux de bœuf, le nuoc-mam, le sucre et les feuilles de combava. Versez le reste du lait de coco et laissez mijoter 10 minutes environ à feu doux en remuant souvent, le temps que la sauce épaississe.

/ Rectifiez l'assaisonnement et servez.

Bon à savoir !
Le combava, agrume vert grumeleux, se trouve dans les épiceries exotiques. Vous pouvez le remplacer par le zeste de ½ citron vert.

Poulet coco-vanille

Réunion

Préparation
15 minutes

Cuisson
20 minutes

Ingrédients pour 4 personnes
1 boîte de lait de coco de 400 ml
800 g de blancs de poulet en lamelles
1 oignon blanc haché
1 gousse de vanille fendue
1 morceau de gingembre de 1 cm haché
1 cuillerée à soupe de curcuma en poudre
Le jus de ¼ de citron vert
2 cuillerées à soupe d'huile végétale
Sel et poivre du moulin

/ Dans un wok ou une sauteuse, faites chauffer l'huile. Ajoutez les lamelles de poulet et saisissez-les 3 minutes à feu vif.

/ Incorporez l'oignon et le gingembre, puis faites revenir le tout 2 à 3 minutes à feu vif.

/ Versez la moitié du lait de coco, le jus de citron, le curcuma et la vanille fendue. Salez, poivrez et mélangez bien. Couvrez et laissez mijoter 15 minutes à feu très doux.

/ Ajoutez le reste du lait de coco, rectifiez l'assaisonnement et continuez la cuisson quelques minutes à feu doux.

/ Servez aussitôt.

Bon à savoir !
Les enfants adorent la douceur de la vanille dans ce plat. Servez-le avec un riz nature.

Curry de bœuf au lait de coco

Sud-Est asiatique

Préparation
30 minutes

Cuisson
1 h 30

Ingrédients pour 4 personnes
1 boîte de lait de coco de 400 ml
600 g de paleron de bœuf coupé en morceaux de 2 cm
1 gros oignon finement émincé
1 cuillerée à soupe de pâte de curry rouge
4 brins de basilic thaï frais
2 cuillerées à soupe d'huile végétale
Sel

/ Dans une sauteuse, faites chauffer l'huile. Ajoutez les morceaux de viande et laissez-les dorer 2 à 3 minutes de chaque côté à feu vif.

/ Salez, ajoutez l'oignon et faites revenir le tout 3 minutes à feu vif en mélangeant régulièrement : les oignons doivent rester translucides.

/ Ajoutez la pâte de curry et prolongez la cuisson 3 minutes en mélangeant souvent.

/ Versez le lait de coco et 1 verre d'eau. Portez à ébullition et baissez le feu. Couvrez et laissez mijoter 1 heure 30 environ à feu doux : la viande doit être bien tendre.

/ Parsemez le plat de la moitié des feuilles de basilic, portez à nouveau à ébullition et retirez du feu. Décorez du reste de basilic et servez aussitôt.

Bon à savoir !
Accompagnez ce plat de riz nature.

Bougna marmite (poulet mijoté au lait de coco)

Nouvelle-Calédonie

Préparation
30 minutes

Cuisson
2 heures

Ingrédients pour 4 personnes
500 ml de lait de coco
1 poulet coupé en morceaux (ou 4 cuisses)
500 g d'igname
500 g de taro (facultatif)
3 belles patates douces
2 ou 3 bananes plantains (ou poingo)
1 tranche de citrouille (environ 400 g)
1 belle tomate
2 oignons
Sel et poivre noir du moulin

/ Épluchez et coupez l'igname en cubes. Plongez-les aussitôt dans l'eau pour éviter qu'ils noircissent.

/ Épluchez et taillez en cubes le taro, les patates douces et la citrouille. Coupez les bananes et la tomate en rondelles. Émincez les oignons.

/ Mettez les morceaux de poulet dans un faitout. Ajoutez l'igname, le taro, les patates douces, la citrouille, les bananes, les oignons et la tomate. Salez et poivrez. Versez le lait de coco, couvrez et laissez mijoter 2 heures à feu doux en ajoutant 1 petit verre d'eau au bout de 30 minutes.

Bon à savoir !
Vous pouvez réaliser cette recette avec du poisson. Ce plat traditionnel est en principe enveloppé dans une feuille de bananier et cuit 2 à 3 heures sur des pierres chaudes, dans un four creusé sous terre.

Salade de crabe au lait de coco

Antilles, Océan indien

Préparation
5 minutes + 30 minutes au réfrigérateur

Sans cuisson

Ingrédients pour 4 personnes
200 g de miettes ou de chair de crabe
2 avocats
1 citron vert
Quelques brins de coriandre

Pour l'assaisonnement :
150 ml de lait de coco
1 cuillerée à café de piment en poudre
5 ou 6 feuilles de menthe ciselée (facultatif)
2 à 3 cuillerées à café de sauce soja
Le jus de 1 citron vert (selon le goût)
1 cuillerée à café de sucre semoule
Poivre du moulin

/ Épluchez les avocats et coupez-les en lamelles. Mélangez-les au crabe dans un saladier.
/ Dans un bol, fouettez tous les ingrédients de l'assaisonnement.
/ Versez l'assaisonnement sur le mélange crabe-avocat. Réservez la salade 30 minutes au réfrigérateur.
/ Décorez des brins de coriandre et de quartiers de citron vert, puis servez.

Bon à savoir !
Vous pouvez remplacer le crabe par de grosses crevettes roses, par des lamelles de poulet revenues au wok avec du gingembre, ou par des noix de Saint-Jacques poêlées.

Peixe de coco (poisson mijoté au lait de coco)

Brésil

Préparation
30 minutes + 30 minutes de macération

Cuisson
20 minutes

Ingrédients pour 4 personnes
1 boîte de lait de coco de 400 ml
6 tranches de poisson à chair ferme (espadon, lotte, daurade ou thon...)
3 tomates
1 poivron vert
2 oignons
1 pincée de safran
Quelques brins de coriandre
Le jus de 2 citrons
4 cuillerées à soupe d'huile végétale
Sel et poivre du moulin

/ Arrosez les tranches de poisson de jus de citron. Salez, poivrez et laissez macérer 30 minutes environ.

/ Pelez et émincez les oignons. Coupez les tomates et le poivron en petits cubes.

/ Dans une sauteuse ou un wok, faites chauffer 2 cuillerées à soupe d'huile. Saisissez les tranches de poisson 2 minutes de chaque côté à feu vif. Réservez.

/ Dans la même sauteuse, faites dorer les oignons émincés avec le reste d'huile 3 minutes à feu vif en remuant. Ajoutez les cubes de tomates et de poivron, puis faites revenir le tout encore 3 minutes à feu vif.

/ Versez le lait de coco et 20 cl d'eau. Ajoutez le safran et portez à frémissements sans cesser de remuer 2 à 3 minutes à feu vif.

/ Incorporez le poisson, puis laissez mijoter 10 à 15 minutes selon le type de poisson.

/ Au moment de servir, rectifiez l'assaisonnement et parsemez de coriandre ciselée.

Bon à savoir !
Vous pouvez remplacer le poisson par des œufs : lorsque tout a bien mijoté, faites un puits dans la sauce à l'aide d'une spatule pour y casser un ou plusieurs œufs ; laissez cuire à feu doux sans remuer.

Brochettes de pétoncles au lait de coco

Thaïlande

Préparation
10 minutes + 1 heure pour la marinade

Cuisson
3 minutes

Ingrédients pour 4 personnes
1 petite boîte de lait de coco de 200 ml
40 pétoncles
Le zeste et le jus de 1 citron vert
1 morceau de gingembre de 1 cm haché
2 cuillerées à café de sauce soja
½ cuillerée à café de piment en poudre
Sel et poivre du moulin

/ Nettoyez soigneusement les pétoncles et enlevez la coquille.
/ Dans un saladier, mélangez le lait de coco avec le reste des ingrédients. Plongez-y les pétoncles et réservez au réfrigérateur pendant au moins 1 heure.
/ Égouttez les pétoncles et enfilez-les sur des piques en bois.
/ Faites-les griller au barbecue (ou au four) pendant 2 à 3 minutes.

Bon à savoir !
Ces petites brochettes peuvent être servies à l'apéritif avec une piña colada (voir recette p. 58) ou encore en entrée.

Poisson-coco au four

Océan indien

Préparation
10 minutes + 1 heure pour la macération

Cuisson
20 minutes

Ingrédients pour 4 personnes
1 boîte de lait de coco de 400 ml
4 filets de poisson blanc (ou pavés de saumon)
1 cuillerée à café de zestes de combava (facultatif)
1 petit piment doux haché
1 grosse cuillerée à café de concentré de tomate
Quelques brins de coriandre
Le jus de 2 citrons verts
Sel et poivre du moulin

/ Déposez les filets de poisson dans un plat et arrosez-les de façon homogène avec la moitié du jus de citron. Laissez macérer 30 minutes. Retournez les filets et versez le reste de jus de citron. Laissez à nouveau macérer 30 minutes.

/ Préchauffez le four à 180 °C (th. 6).

/ Égouttez soigneusement les filets (conservez la marinade) et placez-les dans un plat allant au four.

/ Mélangez le lait de coco avec le concentré de tomate. Ajoutez un peu du jus de citron de la marinade et le piment. Salez, poivrez, versez cette sauce sur les filets et ajoutez les zestes de combava.

/ Enfournez le plat et laissez cuire le poisson 20 minutes environ. Servez aussitôt décoré de coriandre.

Bon à savoir !
Ce plat simple, très apprécié des enfants, pourra être accompagné d'un riz nature. Vous pouvez ajouter 1 cuillerée à café de curcuma ou de curry à la marinade.

Crevettes sautées au lait de coco

Thaïlande

Préparation
15 minutes

Cuisson
10 minutes

Ingrédients pour 4 personnes
1 petite boîte de lait de coco de 200 ml
800 g de grosses crevettes roses
1 cive émincée (ou 1 oignon nouveau)
1 gousse d'ail hachée
1 morceau de gingembre de 1 cm haché
Le zeste de ½ combava (facultatif)
Quelques brins de coriandre
1 cuillerée à café de nuoc-mam
2 cuillerées à soupe d'huile végétale

/ Enlevez la tête et la veine des crevettes.
/ Dans un wok ou une sauteuse, faites chauffer l'huile à feu vif. Ajoutez l'ail, la cive et le gingembre, puis faites-les revenir 2 à 3 minutes à feu vif.
/ Incorporez les crevettes et prolongez la cuisson 2 à 3 minutes à feu vif.
/ Versez le lait de coco et le combava, puis laissez frémir 3 à 4 minutes à feu moyen.
/ Ajoutez le nuoc-mam et la coriandre, faites cuire encore 2 à 3 minutes, puis servez aussitôt.

Bon à savoir !
Vous pouvez remplacer les crevettes par des gambas (8 à 10 par personne).

Salade de poisson au lait de coco

Tahiti

Préparation
1 heure + 1 h 30 au réfrigérateur

Sans Cuisson

Ingrédients pour 4 personnes
1 petite boîte de lait de coco de 200 ml
1 cuillerée à café de noix de coco râpée (pour la déco)
800 g de poisson à chair ferme (thon blanc ou rouge, saumon, perche, etc.)
2 carottes
1 petit concombre
2 tomates (facultatif)
2 oignons verts ou blancs émincés
Le jus de 6 citrons verts
Sel et poivre du moulin

/ Coupez le poisson en cubes de 2 cm d'épaisseur. Placez-les dans un récipient avec le jus des citrons et laissez-les macérer 30 minutes environ au réfrigérateur.
/ Épluchez et taillez les carottes et le concombre en julienne. Coupez les tomates en petits cubes et laissez-les dégorger 10 minutes dans une passoire (pressez-les bien pour que le jus des tomates ne colore pas la sauce).
/ Égouttez les morceaux de poisson (conservez la marinade) et déposez-les dans un saladier. Ajoutez les légumes et les oignons. Versez le lait de coco et la marinade. Salez, poivrez et mélangez. Réservez 1 heure au réfrigérateur.
/ Décorez de noix de coco râpée et servez.

Bon à savoir !
Pour que le poisson « cuise » davantage, laissez-le macérer au moins 2 heures dans le citron. Cette recette est encore meilleure avec du lait de coco frais.

Poisson vapeur au lait de coco

Thaïlande

Préparation
15 minutes

Cuisson
25 minutes

Ingrédients pour 4 personnes
1 petite boîte de lait de coco de 200 ml
4 pavés de saumon (ou poisson blanc à chair ferme)
1 gousse de vanille fendue
1 cuillerée à café de curcuma en poudre
1 morceau de gingembre de 1 cm haché
1 pincée de piment doux en poudre
2 à 3 brins d'aneth + 1 cuillerée à soupe d'aneth ciselé
Le jus de ½ citron vert
2 cuillerées à soupe d'huile végétale
Sel et poivre du moulin

/ Dans une poêle, faites chauffer l'huile. Ajoutez les pavés de saumon et faites-les dorer 3 à 4 minutes de chaque côté à feu doux.
/ Placez ensuite les pavés dans un cuit-vapeur (ou un panier-vapeur). Ajoutez les brins d'aneth, salez, poivrez et poursuivez la cuisson 10 à 15 minutes selon l'épaisseur des pavés.
/ Dans la même poêle, faites revenir le gingembre haché 2 à 3 minutes à feu doux. Ajoutez le lait de coco, le jus de citron, le curcuma, le piment et la vanille. Salez, poivrez et laissez mijoter 8 à 10 minutes à feu très doux en veillant à ne pas faire bouillir la préparation.
/ En fin de cuisson, ajoutez l'aneth ciselé et mélangez bien le tout.
/ Servez le poisson nappé de sauce au lait de coco.

Bon à savoir !
Si vous n'avez pas de panier-vapeur, vous pouvez poursuivre la cuisson du poisson au four en papillote : ce mode de cuisson confère au poisson un moelleux incomparable.

Sayur Lodeh (légumes au lait de coco)

Indonésie

Préparation
15 minutes

Cuisson
25 minutes

Ingrédients pour 4 personnes
1 boîte de lait de coco de 400 ml
1 cuillerée à café de noix de coco râpée
200 g de haricots verts équeutés
200 g de carottes
200 g d'aubergines
½ poivron rouge
½ poivron vert
1 oignon
2 gousses d'ail
1 morceau de gingembre de 1 cm haché
1 cuillerée à café de curcuma moulu
1 cuillerée à café de coriandre moulue
2 cuillerées à soupe d'huile végétale
Sel et poivre du moulin

/ Coupez les poivrons en lamelles, les carottes en bâtonnets et les aubergines en rondelles. Émincez l'oignon et hachez l'ail.

/ Dans un wok ou un faitout, faites chauffer l'huile. Ajoutez le lait de coco et portez à ébullition.

/ Ajoutez les carottes, les haricots verts, l'oignon, l'ail et les épices. Réduisez le feu et laissez mijoter à couvert 10 à 15 minutes à feu doux.

/ Incorporez ensuite les poivrons et les aubergines. Salez, poivrez, mélangez et prolongez la cuisson 10 minutes environ.

/ Parsemez de noix de coco râpée et servez aussitôt.

Bon à savoir !
Vous pouvez également ajouter du chou chinois ou des bouquets de chou-fleur.

Soupe de potiron au lait de coco

Thaïlande

Préparation
20 minutes

Cuisson
20 minutes

Ingrédients pour 4 personnes
1 boîte de lait de coco de 400 ml
500 g de potiron coupé en morceaux
1 cive ou 1 oignon nouveau
1 gousse d'ail
½ cuillerée à café de piment en poudre
1 morceau de gingembre de ½ cm haché
1 baton de citronnelle
Quelques brins de coriandre
20 cl de bouillon de volaille (ou d'eau)
2 cuillerées à soupe d'huile végétale
Sel et poivre du moulin

/ Dans un faitout, faites chauffer l'huile et faites revenir l'ail et la cive émincés, le piment et le gingembre 2 à 3 minutes à feu moyen en mélangeant.
/ Ajoutez le bouillon (ou l'eau) et les morceaux de potiron, couvrez et laissez mijoter 10 à 12 minutes à feu moyen.
/ Versez le lait de coco, salez, poivrez et prolongez la cuisson 5 à 10 minutes à feu très doux (le lait de coco ne doit pas bouillir).
/ Mixez ensuite la soupe selon la consistance souhaitée.
/ Servez la soupe bien chaude parsemée de feuilles de coriandre et de citronnelle émincée.

Bon à savoir !
Vous pouvez également faire rôtir dans le four les cubes de potiron avec du beurre avant de les ajouter au contenu du faitout.

Riz coco

Sud-Est asiatique

Préparation
10 minutes + 30 minutes de trempage

Cuisson
20 minutes

Ingrédients pour 4 personnes
1 boîte de lait de coco de 400 ml
250 g de riz (thaï, basmati)
1 oignon grossièrement haché
1 poignée de noix de cajou
1 petite poignée de feuilles de coriandre
1 bâton de cannelle
1 morceau de gingembre de 1 cm haché ou râpé
1 clou de girofle
1 cuillerée à café de curcuma en poudre
1 bouquet de menthe
2 cuillerées à soupe d'huile végétale
Sel et poivre du moulin

/ Rincez plusieurs fois le riz sous l'eau froide et égouttez-le soigneusement.

/ Dans une sauteuse ou un wok, faites chauffer l'huile et faites revenir l'oignon avec la cannelle, le gingembre et le clou de girofle 2 à 3 minutes à feu vif. Ajoutez quelques feuilles de menthe hachées et mélangez.

/ Incorporez le riz et le curcuma, salez, poivrez, puis faites revenir le tout 2 à 3 minutes à feu moyen.

/ Mélangez le lait de coco avec 20 cl d'eau. Versez sur le riz et portez à ébullition à feu vif. Réduisez le feu et laissez cuire pendant 15 minutes environ en vérifiant la cuisson et en remuant de temps en temps.

/ Décorez de feuilles de menthe et de coriandre ciselées. Parsemez de noix de cajou et servez.

Bon à savoir !
Il est important de bien rincer le riz afin qu'il ne colle pas (cela supprime l'amidon).

Blanc-manger au coco

Antilles

Préparation
10 minutes + au moins 2 heures au réfrigérateur

Cuisson
15 minutes

Ingrédients pour 4 personnes
1 boîte de lait de coco de 400 ml
1 gousse de vanille fendue
1 boîte de lait concentré sucré de 400 ml
6 feuilles de gélatine
1 pincée de sel

/ Faites ramollir les feuilles de gélatine dans un bol d'eau froide pendant 5 minutes.

/ Versez le lait de coco et le lait concentré dans une casserole. Ajoutez la vanille et portez à ébullition.

/ Incorporez la gélatine essorée et le sel, puis éteignez le feu. Couvrez et laissez infuser pendant 15 minutes.

/ Versez la préparation dans des ramequins ou un moule et laissez refroidir.

/ Mettez au réfrigérateur pendant au moins 2 heures (l'idéal étant toute une nuit) avant de servir.

Bon à savoir !
Vous pouvez accompagner ce dessert d'un coulis de fruits exotiques.

Salade de fruits au lait de coco

Antilles, Tahiti

Préparation
15 minutes + 1 heure au réfrigérateur

Sans Cuisson

Ingrédients pour 4 personnes
1 petite boîte de lait de coco de 200 ml
1 cuillerée à soupe de noix de coco râpée
500 g de litchis frais (ou 1 boîte de 400 g)
1 ananas
1 mangue
2 bananes moyennes
½ gousse de vanille fendue
Quelques feuilles de menthe ciselées
Le jus de ½ citron vert
50 g de sucre semoule

/ Pelez les fruits. Coupez l'ananas et la mangue en petits cubes, les bananes en rondelles et les litchis en deux. Disposez-les dans un joli saladier.
/ Versez le lait de coco et le jus de citron dans le saladier. Ajoutez le sucre et la vanille. Mélangez soigneusement le tout. Réservez cette salade au moins 1 heure au réfrigérateur.
/ Saupoudrez de noix de coco râpée, parsemez de menthe ciselée et servez.

Bon à savoir !
Vous pouvez réaliser cette recette avec d'autres fruits, selon vos goûts et la saison.

Quindim (flan coco)

Brésil

Préparation
15 minutes

Cuisson
30 minutes

Ingrédients pour 4 personnes
150 g de noix de coco râpée
1 cuillerée à soupe de copeaux de noix de coco
3 œufs entiers
6 jaunes d'œufs
15 g de beurre + un peu pour le moule
180 g de sucre semoule + un peu pour le moule
1 pincée de sel

/ Préchauffez le four à 180 °C (th. 6).
/ Faites fondre le beurre dans une petite casserole à feu très doux.
/ Dans un saladier, fouettez les œufs entiers avec les jaunes. Ajoutez le beurre fondu, le sucre, la noix de coco et le sel en mélangeant bien.
/ Beurrez le fond d'un moule à manqué et saupoudrez-le de sucre.
/ Versez la préparation dans le moule. Enfournez au bain-marie et laissez cuire le quindim 30 minutes : le dessus doit être bien doré. Laissez refroidir avant de servir décoré de copeaux de noix de coco.

Bon à savoir !
Vous pouvez également réaliser ce dessert, très apprécié des Brésiliens, dans des ramequins (laissez cuire 15 minutes seulement).

Bananes au lait de coco

Thaïlande

Préparation
15 minutes + 30 minutes de trempage

Cuisson
25 minutes

Ingrédients pour 4 personnes
1 petite boîte de lait de coco de 200 ml
100 g de billes de tapioca (perles du Japon)
2 bananes
100 g de sucre semoule

/ Faites tremper les billes de tapioca dans un récipient d'eau froide pendant 30 minutes.

/ Dans une casserole, portez à ébullition le lait de coco avec le sucre. Ajoutez le tapioca égoutté et laissez mijoter 15 minutes à feu doux en remuant régulièrement.

/ Coupez les bananes en rondelles et ajoutez-les dans la casserole. Prolongez la cuisson 5 à 10 minutes. Laissez refroidir et servez tiède.

Bon à savoir !
Vous pouvez également poêler les rondelles de bananes avec le sucre à feu très doux avant de les ajouter dans la casserole. Si vous en trouvez, présentez cette recette dans une feuille de bananier.

Tourment d'amour (gâteau à la noix de coco)

Guadeloupe

Préparation
30 minutes

Cuisson
15 à 20 minutes

Ingrédients pour 4 personnes
3 cuillerées à soupe de noix de coco râpée
1 rouleau de pâte sablée ou brisée sucrée
6 cuillerées à soupe de confiture de coco (épiceries fines ou voir recette ci-dessous)

Pour la crème aux œufs :
2 jaunes d'œufs
1 gousse de vanille fendue
15 g de farine
25 cl de lait demi-écrémé
50 g de sucre semoule

Pour la pâte à gâteaux :
3 œufs
Le poids des 3 œufs en farine
Le poids des 3 œufs en sucre
1 pincée de sel

/ Préchauffez le four à 180 °C (th. 6).

/ Préparez la crème aux œufs : dans une casserole, portez à ébullition le lait avec la gousse de vanille. Dans un saladier, fouettez les jaunes d'œufs avec le sucre. Incorporez ensuite la farine et le lait bouillant en plusieurs fois. Reversez la préparation dans la casserole et faites chauffer à feu doux en remuant avec une cuillère en bois jusqu'à ce que la crème épaississe.

/ Préparez la pâte à gâteaux : dans un saladier, fouettez les œufs avec le sucre et la pincée de sel. Ajoutez progressivement la farine en mélangeant bien.

/ Étalez la pâte sablée dans des moules individuels (ou un moule à bords hauts). Nappez d'une couche de confiture de coco. Versez la crème par-dessus et recouvrez de pâte à gâteaux. Enfournez et laissez cuire 15 à 20 minutes.

/ Laissez refroidir et saupoudrez de noix de coco râpée.

Bon à savoir !

Pour réaliser 1 pot de confiture de coco, versez 250 g de noix de coco râpée, 250 g de sucre, ¼ de verre d'eau, ½ cuillerée à café d'extrait de vanille et 1 bâton de cannelle dans une casserole à fond épais. Faites cuire le tout 30 minutes à feu doux et mettez aussitôt en pot.

Beijinhos de coco (truffes à la noix de coco)

Brésil

Préparation
20 minutes

Cuisson
20 minutes

Ingrédients pour 4 personnes
150 g de noix de coco râpée
200 ml de lait concentré sucré
15 g de beurre

/ Dans une casserole à fond épais, faites chauffer le lait concentré et le beurre 20 minutes environ à feu doux jusqu'à ce que le mélange se détache des parois.
/ Hors du feu, ajoutez 100 g de noix de coco râpée et mélangez bien. Laissez refroidir.
/ À partir de ce mélange, formez des petites boules de la taille de truffes.
/ Roulez-les dans le reste de noix de coco râpée.
/ Servez ces petites friandises au dessert ou au goûter.

Bon à savoir !
C'est encore meilleur avec de la chair de coco fraîche.

Piña colada (cocktail au lait de coco)

Porto Rico

Préparation
5 minutes

Sans cuisson

Ingrédients pour 4 personnes
200 ml de crème de coco
(de marque Lopez®)
20 cl de rhum blanc
40 cl de jus d'ananas
4 cuillerées à soupe de glace pilée
(ou quelques glaçons)

/ Mélangez tous les ingrédients dans un shaker ou un mixeur (ne mettez pas les glaçons dans le mixeur).
/ Versez la préparation dans des verres à cocktail et servez aussitôt.

Bon à savoir !
La crème de coco de la marque Lopez® est particulièrement riche et onctueuse. Pour les enfants, préparez cette recette sans alcool, ils adorent !

Gâteau coco

Antilles

Préparation
15 minutes

Cuisson
30 minutes

Ingrédients pour 4 personnes
80 g de noix de coco râpée
+ un peu pour la déco
4 œufs
150 g de farine
½ sachet de levure chimique
150 g de beurre fondu + un peu pour le moule
180 g de sucre semoule
1 pincée de sel

/ Préchauffez le four à 180 °C (th. 6).

/ Dans un saladier, fouettez les œufs avec le sucre et la pincée de sel. Ajoutez le beurre fondu, la noix de coco râpée, la farine et la levure, puis mélangez bien.

/ Versez la préparation dans un moule (à manqué ou à cake) préalablement beurré. Enfournez et laissez cuire 30 minutes.

/ Au moment de servir, démoulez le gâteau et saupoudrez-le de noix de coco râpée.

Bon à savoir !
Ce gâteau est tout simple, mais délicieux. Servez-le au moment du thé.

Tahiti, Nouvelle-Calédonie

Poe
(friandises aux fruits et à la noix de coco)

Préparation
20 minutes

Cuisson
1 heure

Ingrédients pour 4 personnes
100 ml de lait de coco
Un peu de noix de coco râpée (pour la déco)
1 papaye assez mûre
1 ananas
1 gousse de vanille fendue
100 g de farine de tapioca
Un peu d'huile pour le moule
100 g de sucre semoule

/ Épluchez la papaye et l'ananas, puis coupez-les en morceaux.

/ Versez 50 cl d'eau dans une casserole. Ajoutez les fruits, la moitié du sucre et la vanille. Laissez mijoter 20 minutes environ à feu doux.

/ Préchauffez le four à 180 °C (th. 6). Égouttez les fruits et écrasez-les (ou mixez-les). Incorporez à cette compote la farine de tapioca par petites quantités (comptez 1 mesure de farine pour 3 mesures de compote) et le reste de sucre, puis mélangez bien.

/ Versez la préparation dans un moule carré à bords hauts huilé. Faites cuire au four 40 minutes environ : le dessus doit être bien doré.

/ Arrosez le poe de lait de coco. Coupez-le en petits carrés, parsemez de coco râpée et dégustez tiède ou froid.

Bon à savoir !
Vous pouvez remplacer la papaye et l'ananas par 4 bananes ou 500 g de potiron.

Remerciements

Merci à Aureci Rodrigues pour ses conseils et les recettes de son pays, et merci à Mirtes pour la traduction !

Merci à Marie-Andrée Siarras pour ses saveurs guadeloupéennes.

Merci à André Brunie de m'avoir livré les secrets de la cuisine de sa région d'origine, la Nouvelle-Calédonie.

Merci à Barbara Sabatier pour m'avoir fait confiance et à Aurélie Cazenave pour sa bonne humeur, son suivi et sa disponibilité.

Merci enfin à Fabrice Veigas et à Sandra Mahut pour la beauté des images.

Karine Descamps

Shopping :

Sandra Mahut remercie

CFOC

167 bd Saint-Germain

75006 Paris

CMO

5 rue Chabanais

75002 Paris

... et craquez aussi pour

Édition : Barbara Sabatier et Aurélie Cazenave - Maquette : Natacha Marmouget - Relecture : Armelle et Bernard Heron
N° d'édition : M08040 - ISBN : 9782842707422
Photogravure : Digifrance
Achevé d'imprimer en mars 2008 par Pollina - France - n° L45790
Dépôt légal : mars 2008 - Édition N°1